AF501323

POLICE SANITAIRE MARITIME

PROJET D'UN RÈGLEMENT DE SURVEILLANCE ET DE POLICE SANITAIRE MARITIMES

RÉDIGÉ PAR

M. le Professeur A. CHANTEMESSE

(Extrait de l'Hygiène générale et appliquée, Janvier-Avril 1908.)

PARIS
OCTAVE DOIN, ÉDITEUR
8, PLACE DE L'ODÉON, 8

1908

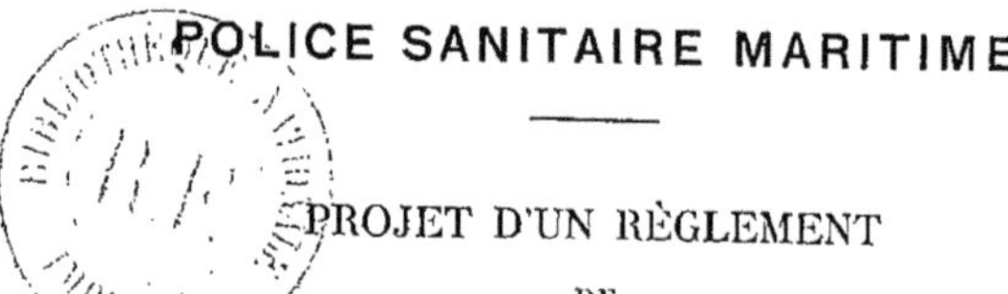

POLICE SANITAIRE MARITIME

PROJET D'UN RÈGLEMENT

DE

SURVEILLANCE ET DE POLICE SANITAIRE MARITIMES[1]

Rédigé par M. le Professeur A. CHANTEMESSE

Ce projet de règlement diffère beaucoup du Règlement sanitaire maritime de 1896 encore actuellement en vigueur.

Les différences portent principalement sur les modifications introduites au sujet de la prophylaxie des maladies pestilentielles contre lesquelles s'élèvera une réglementation non plus commune à toutes mais particulière à chacune d'elles.

La loi de 1902 sur la santé publique reçoit ici pour la première fois, dans le domaine maritime, son application. C'est la mise en pratique et comme la codification des principes sanitaires exposés dans le livre : Frontières et prophylaxie *publié par* MM. Chantemesse *et* Borel *au début de l'année 1907.*

*
* *

Titre Ier. — Objet de la surveillance et de la police sanitaires maritimes

Article premier. — La surveillance et la police sanitaires maritimes ont pour objet la défense du territoire contre l'introduction des maladies importables et transmissibles, ainsi que la protection de la santé publique, à bord des navires, en cours de route et pendant le séjour dans le port.

Art. 2. — Les maladies visées dans l'article précédent sont celles énumérées dans la première partie du décret du 10 février 1903[1]. Seuls le choléra, la peste et la fièvre jaune donneront lieu à l'application de mesures spéciales ; les autres maladies transmissibles n'entraîneront au moment de l'entrée des navires en France, ou pendant son séjour dans le port, que les mesures prévues par la loi du 15 février 1902.

Toutefois la variole — étant donné sa méthode de prophylaxie — fera l'objet d'une réglementation particulière.

Titre II. — Patente de santé

Art. 3. — La patente de santé est un document qui a pour objet de faire connaître l'existence ou la non-existence, dans les pays de provenance du navire ou dans les pays d'escale, des maladies visées par le décret du 10 février 1903.

La patente de santé indique : le nom du navire, sa nature, le nom du capitaine, le tonnage brut et net, le nombre des compartiments pour marchandises, pour passagers d'entrepont, pour l'équipage ; le nom du médecin avec l'indication si ce dernier possède un titre spécial ; le nombre des hommes d'équipage avec mention relative aux indigènes ; le nombre des passagers de cabine, d'entrepont et enfin le total des personnes existant à bord.

La patente indique en outre le port de départ et la provenance antérieure du navire (voyage précédent) ; elle signale si le navire a pris son chargement à quai, en rivière ou en rade ; s'il a pris de l'eau dans le port et dans quelles conditions (service municipal, rivières ou citernes).

Toutes ces indications seront également fournies sur les patentes de santé complémentaires délivrées par les consuls dans les diverses escales.

La patente de santé est datée ; elle n'est valable que si elle a été délivrée dans les quarante-huit heures qui ont précédé le départ du navire.

1. Les maladies à déclaration obligatoire sont : fièvre typhoïde, typhus exanthématique, variole et varioloïde, scarlatine, rougeole, diphtérie, suette miliaire, choléra et maladies cholériformes, peste, fièvre jaune, dysenterie, infections puerpérales et ophtalmies des nouveau-nés, méningite cérébro-spinale épidémique.

Les maladies pour lesquelles la déclaration est facultative sont : tuberculose pulmonaire, coqueluche, grippe, pneumonie et broncho-pneumonie, érysipèle, oreillons, lèpre, teigne, conjonctivite purulente et ophtalmie purulente.

ART. 4. — Le navire ne doit avoir qu'une seule patente de santé pour le même voyage, c'est-à-dire qu'il doit conserver la même patente augmentée des patentes de santé complémentaires depuis son départ jusqu'à son retour.

ART. 5. — La patente de santé est nette ou brute. Elle est nette quand elle constate l'absence de la peste, du choléra et de la fièvre jaune dans la ou les circonscriptions d'où vient le navire ; elle est brute dans le cas contraire.

Le caractère de la patente est apprécié par l'autorité sanitaire du port d'arrivée.

ART. 6. — En France et en Algérie, la patente de santé est établie conformément à une formule arrêtée par le Ministre de l'Intérieur après avis de la section permanente du Conseil supérieur d'hygiène publique de France. Elle est délivrée gratuitement à tout capitaine qui en fait la demande.

ART. 7. — Lorsqu'une maladie pestilentielle vient à se manifester dans un port ou ses environs, l'autorité sanitaire de ce port avise immédiatement le ministre et le tient informé de la marche de l'épidémie. Sur l'invitation du ministre de l'intérieur, l'autorité sanitaire signale le fait et le nombre de cas sur les patentes de santé qu'elle délivre.

L'épidémie est considérée comme éteinte, lorsque cinq jours pleins se sont écoulés sans qu'il n'y ait eu ni décès, ni cas nouveau après l'isolement, la mort ou la guérison du dernier malade. La cessation de la maladie, avec la date, est mentionnée sur la patente de santé sur l'invitation du ministre.

Pour la mention sur la patente des autres maladies transmissibles le service sanitaire a recours aux indications fournies chaque semaine par les bureaux d'hygiène municipaux.

ART. 8. — A l'étranger, la patente de santé est délivrée aux navires français à destination de France ou d'Algérie par le consul français du port de départ, d'après un modèle semblable à celui en usage en France. A défaut du consul, la patente est délivrée par l'autorité locale.

Pour les navires étrangers à destination de France ou d'Algérie, la patente peut être délivrée par l'autorité locale, mais, dans ce cas, elle doit être accompagnée d'une patente de santé complémentaire délivrée par le consul de France, s'il y en a un.

Les patentes de santé complémentaires délivrées par les consuls de France seront établies sur un modèle unique fixé par la section permanente du Conseil supérieur d'hygiène publique et transmis à ces consuls par l'intermédiaire du ministère des affaires étrangères.

Art. 9. — Le capitaine d'un navire doit conserver sa patente de santé jusqu'à son retour en France. Dans le cas où il y a à bord un médecin, celui-ci est chargé, sous les ordres et la responsabilité du capitaine, de toutes les démarches ou formalités concernant la patente, soit au départ, soit dans les escales, soit à l'arrivée ; il a la garde de la patente.

Art. 10. — Dans chaque port d'escale, une patente de santé complémentaire est délivrée par le consul français ou, à son défaut par l'autorité locale qui y relate l'état sanitaire du port et de ses environs. Les navires qui font un service régulier dans les mers d'Europe peuvent être dispensés par le Ministre de l'Intérieur de l'obligation du visa de la patente à chaque escale.

Art. 11. — La présentation d'une patente de santé à l'arrivée dans un port de France ou d'Algérie, est en tout temps obligatoire pour les navires provenant des pays situés hors d'Europe, excepté :

1° De tout le bassin de la Méditerranée (non compris le Maroc) ;

2° De tout le bassin de la mer Noire ;

3° Du littoral des États-Unis d'Amérique situés sur l'Océan Atlantique jusqu'au 40e degré de latitude nord.

Elle est rendue obligatoire par décision du Ministre de l'Intérieur pour les navires provenant des régions exceptées ci-dessus, lorsque les circonscriptions d'où les navires partent ou dans lesquelles ils font escale sont contaminées par une maladie pestilentielle ou par une épidémie de variole.

La même obligation peut être étendue aux pays se trouvant soit à proximité des dites circonscriptions, soit en relations directes avec elles.

Dans les cas prévus aux paragraphes précédents, l'obligation de la patente est immédiatement portée à la connaissance du public, notamment par la voie du *Journal officiel* de la République française et par l'intermédiaire des consuls résidant à l'étranger.

Art. 12. — Le capitaine d'un navire dépourvu de patente de santé alors qu'il devrait en être muni, ou ayant une patente irrégulière, est passible, à son arrivée dans un port français, des pénalités édictées par l'article 14 de la loi du 3 mars 1822, sans préjudice des mesures auxquelles le navire peut être assujetti par le fait de sa provenance et des poursuites qui pourraient être exercées en cas de fraude.

Toutefois si le navire se trouve dans les conditions visées aux paragraphes 2 et 3 de l'article 11, il ne peut lui être fait application des dispositions qui précèdent que si dix jours se sont écoulés entre le moment de la publicaiion au *Journal officiel* de l'avis prévu au paragraphe 3 de ce même article et le moment où le navire a quitté son port d'attache.

Les visas des consuls prévus aux articles 8 et 9 sont exigibles dans les mêmes conditions que la patente qu'ils complètent.

Titre III. — Médecins sanitaires maritimes

Art. 13. — Tout bâtiment français affecté au service postal ou renfermant à un moment quelconque de son voyage plus de cent personnes — équipage et passagers — et qui fait un trajet dont la durée totale, escales comprises, dépasse quarante-huit heures, doit être pourvu d'un service médical.

Ce service médical est assuré :

1° Par un docteur en médecine français dans le cas où le voyage s'effectue entre la France, l'Algérie et la Tunisie, sans aucune escale dans un port quelconque de tout autre pays, sauf le cas de relâche forcée. Ce docteur en médecine sera muni d'une autorisation renouvelée chaque année et délivrée par la direction du port de santé où il embarque. La première autorisation est délivrée sur la présentation du diplôme de docteur en médecine et d'un extrait du casier judiciaire. Ces autorisations sont révocables dans les mêmes conditions que celles où sont supprimées les fonctions ou les commissions des médecins sanitaires maritimes ;

2° Par un médecin sanitaire maritime pour les navires remplissant les mêmes conditions de durée de voyage ou de nombre des passagers, mais touchant à des ports étrangers ;

3° Par deux docteurs en médecine dont l'un sera forcément

un médecin sanitaire maritime lorsque le nombre des personnes existant à bord dépasse 1.500. Le médecin sanitaire maritime sera toujours considéré comme chef de service; dans le cas où les deux docteurs seraient médecins sanitaires maritimes, le porteur d'une commission sera chef de service; si les deux docteurs sont médecins sanitaires maritimes et tous deux commissionnés, la désignation du chef de service appartiendra à l'armement.

Art. 14. — Les médecins sanitaires maritimes sont admis, après examen, par le ministre de l'intérieur et inscrits sur le tableau prévu à l'article 18.

L'examen porte sur les maladies contagieuses, plus spécialement de nature exotique, sur l'épidémiologie, la microbiologie, la prophylaxie et la réglementation sanitaire; les lois et règlements publiés par le ministère de la marine et relatifs à l'hygiène ou au service médical de la marine de commerce ; les lois d'assistance et de prévoyance sociales particulières aux marins du commerce ; il comprend une épreuve écrite et une épreuve orale.

Il est délivré aux candidats agréés par le ministre un certificat d'aptitude aux fonctions de médecin sanitaire maritime.

L'examen a lieu une fois par an à Paris, à Marseille et à Bordeaux, aux époques fixées par le ministre. Le jury se compose : à Paris de l'inspecteur général des services sanitaires, président, et de deux inspecteurs généraux adjoints ou, à leur défaut, d'auditeurs du Conseil supérieur d'hygiène publique de France; à Marseille et Bordeaux, du directeur de la santé, président, et des professeurs de pathologie exotique et de bactériologie de la Faculté ou École de médecine ou des écoles d'application.

Les dossiers des candidats sont transmis au Ministre après la clôture de l'examen, accompagnés du procès-verbal, des compositions écrites et des propositions du jury.

Art. 15. — Les docteurs en médecine français qui ont obtenu le diplôme des instituts de médecine coloniale de Paris, Bordeaux ou Marseille, peuvent être dispensés de l'examen prévu à l'article précédent, et inscrits au tableau des médecins sanitaires maritimes sous condition de justifier qu'ils ont subi d'une manière satisfaisante une interrogation complémentaire concernant principalement mais non exclusivement la réglementation sanitaire maritime. Il est procédé à cette interrogation, à Paris, par l'inspecteur général et dans les ports par les directeurs de la santé.

Peuvent être également dispensés de l'examen, les médecins de la marine et des colonies ayant exercé leurs fonctions pendant cinq ans au moins depuis leur sortie de l'école d'application. Ces médecins sont inscrits au tableau sur la présentation des directeurs de la santé s'ils sont domiciliés dans une circonscription sanitaire maritime, ou, dans le cas contraire, de l'inspecteur général des services sanitaires.

Art. 16. — Les médecins sanitaires maritimes remplissant les conditions ci-après reçoivent une commission spéciale et prennent le titre de médecins sanitaires maritimes commissionnés.

Sur leur déclaration, les navires indemnes ou suspects sont, sauf exceptions motivées, dispensés, à l'arrivée, de la visite médicale, et les mesures de désinfection prises sous leur direction pendant la traversée ne sont pas renouvelées. Exception est faite pour la dératisation qui ne peut être pratiquée d'une manière efficace qu'à l'arrivée.

Leur déclaration fait également foi dans les pays étrangers qui ont conclu avec la France l'accord prévu par l'article 29 (§ 3) de la convention sanitaire internationale de Paris du 3 décembre 1903.

Peuvent seuls être commissionnés, les médecins sanitaires maritimes qui ont navigué d'une manière suivie pendant au moins cinquante mois d'embarquement continu, et qui se sont signalés à l'attention de l'administration sanitaire par la façon intelligente et consciencieuse dont ils se sont acquittés de leurs fonctions.

Ces médecins sont commissionnés par arrêté du Ministre de l'Intérieur, sur la proposition, faite après enquête, des directeurs de la santé dans la circonscription desquels se trouvaient leurs ports d'attache au cours des six dernières années, et conformément à l'avis favorable de la commission prévue à l'article 109. Cet avis est rendu sur un rapport de l'inspecteur général des services sanitaires.

Art. 17. — Il est dressé par les soins du Ministère de l'Intérieur un tableau des médecins sanitaires maritimes à la revision duquel il est procédé chaque année dans le courant du mois de janvier.

Ce tableau est divisé en trois parties : dans la première sont portés les médecins sanitaires maritimes commissionnés ; dans la seconde, les médecins qui ont fait à bord des navires un service représentant une moyenne d'au moins quatre mois de navigation par an depuis leur inscription ; dans la troisième, les médecins pourvus du certificat d'aptitude aux fonctions de médecin sanitaire maritime, mais ne remplissant pas l'une ou l'autre des deux conditions précédentes.

Ce tableau est publié et affiché d'une manière permanente au siège de chaque circonscription sanitaire.

Art. 18. — En vue de l'établissement du tableau annuel, il est tenu, au siège de chacune des circonscriptions sanitaires maritimes, un registre spécial indiquant les noms et prénoms des médecins, la date exacte de leur embarquement, les noms des navires et la nature des voyages effectués.

Les médecins sanitaires maritimes doivent se présenter, tant au départ qu'à l'arrivée, aux directeurs des circonscriptions sanitaires maritimes et apposer leur signature sur le registre ci-dessus prescrit, en regard des renseignements concernant leur voyage.

Un extrait récapitulatif de ce registre est adressé au Ministre dans les premiers jours du mois de janvier, rappelant pour chaque médecin la date de la décision ministérielle qui a autorisé son inscription au tableau et faisant connaître le nombre total des mois de navigation accomplis depuis lors. Dans ce nombre peuvent être compris tous les voyages effectués, alors même qu'ils l'auraient été en dehors des dispositions prévues par l'article 14, mais à la condition que ces voyages aient eu lieu sur des navires de commerce.

Cet envoi est accompagné s'il y a lieu, des observations ou propositions des directeurs des circonscriptions sanitaires maritimes.

Art. 19. — Au cas où le nombre des médecins sanitaires maritimes serait insuffisant, le Ministre de l'Intérieur pourvoit, sur la proposition motivée des directeurs de la santé et l'avis de l'inspecteur général des services sanitaires, aux nécessités du service médical.

Les autorisations exceptionnelles d'embarquement ne peuvent être accordées que par le Ministre et sont renouvelables pour chaque voyage.

Art. 20. — Le médecin sanitaire maritime a pour devoir d'assurer à bord l'application du présent règlement et celle du décret du 10 février 1903.

Il veille à la santé des passagers et de l'équipage et leur donne ses soins en cas de maladie.

Art. 21. — Le médecin sanitaire maritime signale par écrit au capitaine, chaque fois qu'il y a lieu, le danger pouvant résulter de l'introduction sur le navire des personnes ou des objets susceptibles de provoquer à bord l'apparition d'une maladie contagieuse. Il note le fait sur son livre médical, ainsi que la suite qui a été donnée à son intervention.

Art. 22. — Le médecin sanitaire maritime en cas d'invasion à bord d'une maladie contagieuse ou suspecte, prévient immédiatement le capitaine et assure d'accord avec lui les mesures de préservation nécessaires. Le capitaine a le devoir de mettre à la disposition du médecin toutes les ressources dont il dispose.

Dans le cas où il aurait été passé outre à son avis soit par les agents d'une compagnie, soit par le capitaine du bord, le médecin sanitaire maritime consigne le fait sur le registre médical du bord prévu à l'article 26 et en rend compte aux autorités sanitaires du port d'arrivée ou même aux autorités coloniales ou consulaires du premier port de relâche.

Art. 23. — Sur les navires naviguant hors des mers d'Europe et portant au moins 200 personnes, le médecin est assisté d'un infirmier de profession, exclusivement chargé de concourir au service médical. Sur les navires ayant plus de 1.000 personnes à bord il y aura deux infirmiers ou un infirmier et une infirmière.

Art. 24. — Lorsque sur un navire français est embarqué conjointement avec le médecin sanitaire maritime un médecin civil ou militaire, français ou étranger accompagnant des soldats, des prisonniers, des émigrants, des pèlerins, des coolies ou toute autre espèce de personnes voyageant en groupe, ce dernier médecin est exclusivement chargé de la surveillance sanitaire et du traitement des personnes qu'il accompagne et il rend compte au médecin sanitaire maritime de tout incident de nature à intéresser la santé générale du bord et en particulier des causes de tout décès, de tout cas de maladie contagieuse se produisant parmi les individus confiés à ses soins. Le médecin sanitaire maritime demeure toujours le médecin du bord seul responsable devant les autorités françaises ou étrangères auxquelles seul il a droit de faire les déclarations prescrites par les règlements.

Art. 25. — Le médecin sanitaire maritime inscrit jour par jour, sur un registre mis à sa disposition par l'administration sanitaire, toutes les circonstances de nature à intéresser la santé à bord.

Il mentionne les dates d'invasion, de guérison ou de terminaison par la mort, de tous les cas de maladie, avec indication des détails essentiels que comporte la nature de chaque cas. Le secret professionnel sera observé, s'il y a lieu, en désignant le malade par une lettre ou un numéro.

A chaque escale ou relâche, il consigne sur son registre la date de l'arrivée et celle du départ, ainsi que les renseignements qu'il a pu recueillir sur l'état de la santé publique dans le port et ses environs.

Il inscrit sur le même registre les mesures prises pour l'isolement des malades, les désinfections, les dératisations effectuées dans les ports étrangers, en un mot tous les faits de nature à intéresser l'autorité sanitaire maritime lors du retour du navire.

La tenue du registre du bord est appréciée par l'autorité sanitaire.

Art. 26. — Le médecin sanitaire maritime est tenu, à l'arrivée dans un port français, de communiquer son registre, à jour et signé, à l'autorité sanitaire, qui ne statue qu'après en avoir pris connaissance.

Il répond à l'interrogatoire de celle-ci et lui fournit de vive voix, ou par écrit si elle l'exige, tous les renseignements nécessaires.

Art. 27. — Les déclarations du médecin sanitaire maritime sont faites, sous la foi du serment et en dehors de toute ingérence du capitaine du navire ou des autorités de la compagnie.

ART. 28. — Le médecin sanitaire maritime fait parvenir au moins chaque année au Ministre de l'Intérieur par l'intermédiaire du directeur de la santé de la circonscription dont il dépend un rapport relatant les observations de toute nature qu'il a pu recueillir au cours de ses voyages sur les questions intéressant le service sanitaire, l'hygiène de la marine du commerce, l'étiologie et la prophylaxie des épidémies. Il s'appuiera dans ses rapports autant que possible sur les travaux et publications faits à l'étranger.

Les rapports des médecins sanitaires maritimes annotés par les directeurs de la santé sont, après avis de l'inspecteur général des services sanitaires soumis au Conseil supérieur d'hygiène publique de France. Ils peuvent sur la proposition de ce Conseil donner lieu à des récompenses honorifiques décernées par le Ministre de l'Intérieur ; chaque année l'inspecteur général adresse au Ministre une analyse de ces rapports, cette analyse est publiée, avec les récompenses honorifiques accordées, au *Journal officiel*.

ART. 29. — En cas d'infraction aux règlements sanitaires ou de non-exécution des devoirs résultant de leurs fonctions, les médecins sanitaires maritimes peuvent, après avoir été invités à présenter verbalement ou par écrit la justification des actes qui leur sont reprochés et après avis de la commission prévue à l'article 109, être rayés du tableau à titre temporaire ou définitif. Ces mesures font l'objet d'une décision ministérielle dont il est donné connaissance aux directeurs de la santé et elles sont mentionnées sur le tableau.

Indépendamment des prescriptions qui précèdent, les médecins commissionnés peuvent être temporairement ou définitivement privés de leur commission et des avantages qui y sont attachés, après avis de la commission prévue à l'article 109, avis rendu sur un rapport de l'inspecteur général des services sanitaires.

ART. 30. — Le capitaine d'un navire ne pouvant justifier de la présence à bord d'un médecin sanitaire régulièrement embarqué ou d'un motif d'empêchement légitime, est passible, à son arrivée dans un port français, des pénalités édictées par l'article 14 de la loi du 3 mars 1823, sans préjudice des mesures sanitaires exceptionnelles auxquelles le navire peut être assujetti pour ce motif et des poursuites qui pourraient être exercés en cas de fraude.

Le capitaine d'un navire, les agents d'une compagnie de navigation convaincus de s'être opposés par un moyen quelconque, pression ou menaces, à la libre déclaration exigée du médecin sanitaire maritime, faite sous la foi du serment, sont passibles des mêmes pénalités.

Celles-ci seraient également appliquées aux capitaines et représentants de compagnie convaincus de s'être privés des services d'un médecin sanitaire maritime parce qu'il aurait fait en toute sincérité les déclarations réglementaires.

Art. 31. — Sur les navires qui n'ont pas de médecin sanitaire, les renseignements relatifs à l'état sanitaire et aux communications en mer sont recueillis par le capitaine et inscrits par lui sur son livre de bord.

Art. 32. — Les compagnies de navigation sont tenues de mettre à la disposition du médecin sanitaire maritime les locaux nécessaires pour assurer le service sanitaire médical.

Ces locaux comprendront obligatoirement :

1° Une cabine personnelle : en aucun cas cette cabine ne pourra être utilisée pour l'exercice à bord de la profession médicale, ni renfermer les médicaments. Cette cabine présentera au point de vue de son étendue et de son confortable les mêmes conditions que celles des autres chefs de service à bord ;

2° Un local clair et aéré destiné à donner les consultations, à faire les pansements et à recevoir la pharmacie ;

3° Un local destiné à l'isolement des contagieux et ne pouvant être en aucun cas utilisé dans un autre but.

Il est recommandé aux compagnies de navigation d'accorder à leurs médecins sanitaires maritimes les mêmes prérogatives d'autorité qu'elles donnent à leurs autres chefs de service, le médecin sanitaire maritime devant être toujours considéré à bord comme un officier chef de service.

Titre IV. — Mesures sanitaires au port de départ

Art. 33. — Le capitaine d'un navire français ou étranger se trouvant dans un port de France ou d'Algérie et se disposant à quitter ce port, est tenu d'en faire la déclaration à l'autorité sanitaire avant d'opérer son chargement ou d'embarquer ses passagers.

Art. 34. — L'autorité sanitaire a le droit et le devoir, à bord des navires français ou étrangers en partance dans les ports français de faire toute visite de contrôle qu'elle juge utile pour l'établissement de la patente de santé et pour déterminer dans quelles conditions hygiéniques se trouve le navire au moment de son départ. Ce contrôle est particulièrement exercé à l'égard des navires transportant des émigrants, pèlerins et des navires armés pour la grande pêche.

En ce qui concerne ces derniers bâtiments, les directeurs de la santé devront se rendre dans les ports de pêche de leur circonscription à l'époque des départs, afin de s'assurer par une inspection rigoureuse que des conditions d'hygiène suffisantes existent à bord et que la patente de santé peut leur être délivrée.

L'autorité sanitaire doit également prescrire les mesures de désinfection qu'elle juge utiles avant le départ, soit à terre, soit à bord.

Lorsque, par suite de l'application des règlements étrangers les Compagnies de navigation sont tenues de conserver pendant un laps de temps, en subsistance dans le port de départ, des passagers provenant de régions suspectes, avis en devra être donné de suite à la direction de la santé qui s'assurera que des mesures de surveillance suffisantes sont prises à l'égard de ces passagers suspects.

Toutes les opérations que l'état hygiénique du navire peut rendre nécessaires avant le départ seront effectuées dans le plus court délai possible de manière à éviter tout retard au navire.

Art. 35. — L'autorité sanitaire s'oppose à l'embarquement des personnes et objets susceptibles de propager les maladies pestilentielles.

La même opposition peut viser d'autres maladies transmissibles, chaque fois qu'on ne pourra prendre à bord des précautions suffisantes pour préserver de la contagion les passagers et l'équipage.

Art. 36. — Les permis nécessaires soit pour opérer le chargement, soit pour prendre la mer, ne sont délivrés par la douane que sur le vu d'une licence remise par l'autorité sanitaire.

Art. 37. — Les bateaux de pêche, à l'exception de ceux qui font la pêche au long cours, et en général les navires qui s'écartent peu du port de départ sont dispensés, à moins de prescription exceptionnelle, de la déclaration prévue à l'article 33.

Art. 38. — Dans le cas où une épidémie de variole régnerait dans le port de départ, la vaccination ou la revaccination avant l'embarquement peut être imposée à tous les passagers et à l'équipage.

Titre V. — Mesures sanitaires pendant la traversée et dans les ports d'escale étrangers

Art. 39. — Le médecin sanitaire maritime prend en cours de route toutes les mesures nécessaires pour maintenir le navire en bon état hygiénique. Dans les escales étrangères, il conseille au capitaine toutes les précautions utiles pour éviter la propagation à bord des maladies épidémiques ou endémiques qui pourraient régner dans les ports visités.

Le médecin sanitaire maritime veille tout particulièrement à l'embarquement de l'eau prise dans les ports étrangers ; il s'enquiert de sa nature et de sa provenance et en prend note sur son registre médical. Si cette eau lui paraît suspecte, il en informe le capitaine.

A bord des navires où il n'y a pas de médecin, le capitaine s'inspire dans la mesure du possible des instructions prophylactiques annexées au présent règlement.

Titre VI. — Mesures sanitaires a l'arrivée

Art. 40. — Tout navire arrivant en France ou en Algérie doit arborer son pavillon de quarantaine pendant le jour ou ses feux de quarantaine pendant la nuit et ne doit amener les uns et les autres que lorsqu'il a été admis à la libre pratique.

Pour les navires ayant à leur bord un médecin sanitaire maritime commissionné le pavillon de quarantaine sera accompagné pendant le jour du pavillon M de la série internationale et pendant la nuit les feux seront.....[1].

Avant toute communication la reconnaissance du navire sera effectuée par un officier ou un préposé de la santé. Celui-ci, d'après la teneur de la patente et les renseignements connus du service sanitaire maritime accorde la libre pratique ou soumet le navire à la visite médicale. A la suite de la visite médicale le directeur de la santé, l'agent principal ou le médecin de la santé accorde la libre pratique ou indique le régime auquel doit être soumis le navire.

Les opérations de reconnaissance sont effectuées sans délai, même de nuit, toutes les fois que les circonstances le permettent.

Art. 41. — Le résultat de la reconnaissance ou de la visite médicale est consigné sur un registre tenu par l'autorité sanitaire du port.

Si la visite médicale a eu lieu et si d'autres opérations ont été effectuées mention en sera faite sur la patente de santé complémentaire délivrée au moment du départ du navire.

Art. 42. — Les bateaux de la douane, les bateaux des ponts et chaussées affectés au service des ports de commerce, des phares et balises, les bateaux-pilotes, les garde-pêches, les bateaux qui font la petite pêche sur les côtes de France ou d'Algérie ou sur la partie des côtes de Tunisie qui s'étend du cap Nègre à la frontière algérienne, et en général tous ceux qui s'écartent peu du rivage et qui peuvent être identifiés au simple examen sont, à moins de circonstances exceptionnelles dont l'autorité sanitaire est juge, dispensés de la reconnaissance.

Art. 43. — Dans les cas prévus par le règlement et dans toutes les circonstances où l'autorité sanitaire le juge utile, elle procède à la visite médicale des passagers et de l'équipage et à l'inspection sanitaire du navire. Cette opération a lieu de jour et de nuit. Toutefois les visites médicales ne seront effectuées entre le coucher et le lever du soleil que si l'éclairage artificiel existant à bord est suffisant pour assurer le bon fonctionnement du service. Les visites médicales effectuées entre le cou-

1. Le Ministère de l'Intérieur devra demander par lettre au Ministère de la Marine de composer un signal constitué par des fanaux rouges et blancs. Ce signal sera ensuite inscrit parmi les autres et rendu obligatoire pour la marine.

cher et le lever du soleil donneront lieu à la perception de frais de vacation pour le dérangement du médecin, de l'officier de santé et des garde-sanitaires.

ART. 44. — Tout capitaine arrivant dans un port français est tenu :

1° D'empêcher toute communication, tout déchargement de son navire avant que celui-ci ait été reconnu, et admis à la libre pratique ;

2° De produire aux autorités chargées de la police sanitaire tous les papiers du bord sauf le rapport spécial du médecin signé de lui seul et remis par lui-même entre les mains de l'officier chargé de la reconnaissance ou du médecin qui fait la visite médicale ;

3° De se présenter en personne, accompagné du médecin s'il y en a un à bord, à la coupée du navire lors de l'arrivée du médecin chargé de la visite médicale et d'assurer à ce dernier l'usage de l'échelle de commandement pour monter à bord ;

4° De se conformer aux prescriptions du règlement de surveillance et de police sanitaire maritimes au moment de l'arrivée et pendant le séjour dans le port ainsi qu'aux ordres qui lui sont donnés par les dites autorités.

Le capitaine du navire est personnellement responsable de ses actes devant les autorités sanitaires maritimes sans qu'il puisse interposer, à un moment donné, entre lesdites autorités et lui-même l'action soit des représentants de la Compagnie, soit les courtiers maritimes.

ART. 45. — Les gens de l'équipage et les passagers peuvent lorsque l'autorité sanitaire le juge nécessaire, être soumis à des interrogatoires et obligés, sous serment, à des déclarations semblables à celles qu'on exige du capitaine.

ART. 46. — Les navires dispensés de produire une patente de santé ou munis d'une patente de santé *nette* sont admis immédiatement à la libre pratique, après la reconnaissance, sauf dans les cas mentionnés ci-après :

a) Lorsque le navire a eu à bord, pendant la traversée, des accidents, certains ou suspects, de choléra, de fièvre jaune ou de peste ,ou d'une maladie grave, transmissible et importable;

b) Lorsque le navire a eu en mer des communications de nature suspecte ;

c) Lorsqu'il présente, à l'arrivée, des conditions hygiéniques dangereuses ;

d) Lorsque l'autorité sanitaire a des motifs légitimes de contester la sincérité de la teneur de la patente de santé ;

e) Lorsque le navire provient d'un port qui entretient des relations libres avec une circonscription voisine contaminée ;

Dans ces différents cas, le navire, bien que muni d'une patente nette, peut être assujetti aux mêmes mesures que s'il avait une patente brute.

Art. 47. — Tout navire arrivant avec patente brute est soumis à l'un des régimes sanitaires déterminés ci-après.

Ce régime diffère selon la nature de la maladie pestilentielle mentionnée sur la patente de santé et suivant que le navire ou ses passagers sont *indemnes*, *suspects* ou *infectés*.

A. — *Choléra*.

Art. 48. — Le navire *indemne de choléra* est celui qui venant d'un pays infecté n'a eu aucun cas avant le départ, pendant le voyage et au moment de l'arrivée. Il est soumis au régime suivant :

1° Visite médicale des passagers et de l'équipage ;

2° Désinfection du linge sale, des effets à usage, de la literie, ainsi que de tous autres objets ou bagages que l'autorité sanitaire du port considère comme contaminés ;

3° L'eau de cale est évacuée après désinfection ;

4° Avant d'entrer dans le port les water-closets auront été nettoyés et désinfectés ;

5° Il sera fourni par le capitaine et le médecin un certificat constatant qu'il n'a pas été embarqué d'eau dans la circonscription infectée de choléra. A défaut de ce certificat l'eau potable sera rejetée ;

6° S'il y a à bord un équipage indigène celui-ci sera soumis à la surveillance sanitaire pendant la durée du séjour du navire dans le port ;

7° Si le navire a quitté la circonscription contaminée depuis plus de cinq jours les mesures indiquées ci-dessus sont immédiatement prises et le navire admis à la libre pratique. Si le navire a quitté la circonscription contaminée depuis moins de cinq jours les passagers et l'équipage sont soumis à la surveillance sanitaire prévue à l'article 66 jusqu'à l'expiration d'un délai de cinq jours ;

8° Dans le cas où il y aura à bord un médecin sanitaire maritime commissionné et que toutes les mesures énumérées ci-dessus auront été prises par lui avant l'arrivée du navire, libre pratique immédiate sera accordée sans autre formalité ; toutefois les mesures indiquées aux paragraphes 6 et 7 seront maintenues.

Art. 49. — Le navire *suspect de choléra* est celui qui venant d'un pays infecté de choléra a eu des cas ou des décès de choléra à son bord, mais aucun cas nouveau depuis cinq jours. Il est soumis au régime suivant :

1° Visite médicale des passagers et de l'équipage ;

2° Désinfection du linge sale, des effets à usage, de la literie, ainsi que de tous autres objets ou bagages que l'autorité sanitaire du port considère comme contaminés ;

3° Les parties du navire qui ont été habitées par des malades atteints de choléra ou qui sont considérées par l'autorité sanitaire comme contaminées sont désinfectées ;

4° L'eau de cale est évacuée après désinfection ;

5° Avant d'entrer dans le port les water-closets auront été nettoyés et désinfectés ;

6° Il sera fourni par le capitaine et le médecin un certificat constatant qu'il n'a pas été embarqué d'eau dans la circonscription infectée de choléra. A défaut de ce certificat l'eau potable sera rejetée ;

7° S'il y a à bord un équipage indigène celui-ci sera soumis à la surveillance sanitaire pendant toute la durée du séjour du navire dans le port ;

8° Les passagers et l'équipage sont soumis à la surveillance sanitaire prévue à l'article 66 jusqu'à l'expiration d'un délai de cinq jours à partir de l'arrivée du navire ;

9° Dans le cas où il y aurait à bord un médecin sanitaire maritime commissionné et que toutes les mesures ci-dessus auraient été prises par lui avant l'arrivée du navire, libre pratique immédiate sera accordée sans autre formalité; toutefois les mesures énumérées aux paragraphes 7 et 8 seront maintenues.

Art. 50. — Le navire *infecté de choléra* est celui qui a du choléra à bord ou qui en a présenté un ou plusieurs cas depuis cinq jours. Il est soumis au régime suivant :

1° Visite médicale des passagers et de l'équipage ;

2° Les malades sont immédiatement débarqués et isolés jusqu'à leur guérison ;

3° Les autres passagers ou personnes de l'équipage, à l'exception de celles dont la présence est nécessaire à bord, sont débarqués aussi rapidement que possible et soumis soit à une surveillance de cinq jours à dater de l'arrivée du navire soit à une observation dont la durée varie selon l'état sanitaire du navire et selon la date du dernier cas sans pouvoir dépasser cinq jours. Si l'autorité sanitaire le juge utile, elle peut soumettre à l'observation certains passagers, alors même que les autres ne seraient soumis qu'à la surveillance. Le directeur de la santé informe télégraphiquement le ministre des motifs qui lui paraissent justifier cette différence de traitement ;

4° Désinfection du linge sale, des effets à usage, de la literie, ainsi que des autres objets ou bagages que l'autorité sanitaire du port considère comme contaminés ;

5° Désinfection des parties du navire qui ont été habités par les malades atteints de choléra ou qui sont considérées par l'autorité sanitaire comme contaminées ;

6° L'eau de cale est évacuée après désinfection ;

7° Les water-closets seront nettoyés et désinfectés avant l'entrée dans le port et les mêmes mesures seront accomplies pendant tout le temps de station dans le lieu d'observation du navire ;

8° Il sera fourni par le capitaine et le médecin un certificat constatant qu'il n'a pas été embarqué d'eau dans la circonscription infectée de choléra ;

9° La surveillance sanitaire continuera à être appliquée, même après cinq jours écoulés, aux équipages indiqués, et ce pendant toute la durée de séjour du navire dans le port.

B. — *Peste.*

Les mesures prophylactiques visent le navire et visent les passagers et l'équipage.

a) Mesures applicables au navire.

ART. 51. — La destruction des rats ou *dératisation* exclusivement pratiquée au moyen d'appareils dont l'efficacité a été reconnue par le Conseil supérieur d'hygiène publique de France est obligatoire pour l'admission dans les ports français :

1° De tout navire provenant d'un port considéré comme contaminé de peste ou ayant fait escale dans ce port ;

2° De tout navire ayant pris en transbordement, c'est-à-dire de bord à bord, plus de 50 tonnes de marchandises provenant directement d'un pays considéré comme contaminé de peste.

Ces dispositions sont applicables aux navires ayant déjà déchargé partie de leur cargaison dans un ou plusieurs ports étrangers.

Art. 52. — Peuvent être dispensés de la dératisation :

1° Les navires qui se bornent à déposer des passagers dans un port français sans accoster et n'y font qu'un séjour de quelques heures ;

2° Les navires y faisant une escale de moins de douze heures et laissant moins de 300 tonnes de marchandises, sous condition que la surveillance du déchargement sera opérée exclusivement de jour, le navire étant maintenu au moins à 20 mètres des quais et ses amarres garnies ;

3° Les navires à vapeur qui, pendant soixante jours depuis leur départ du dernier port contaminé, n'auraient pas touché aucun port considéré comme contaminé de peste et à bord desquels n'aurait été observé aucun fait sanitaire de nature suspecte ;

4° Les navires qui, ayant fait escale dans un port considéré comme contaminé, justifieraient qu'ils n'y ont ni accosté à quai ou aux appontements, ni embarqué de marchandises ;

5° Les navires qui auraient subi la dératisation dans un port étranger depuis leur départ du dernier port considéré comme contaminé. Il devra être justifié, dans ce cas, qu'aucun fait sanitaire suspect ne s'est produit à bord pendant la traversée et que la dératisation a été effectuée avec les mêmes appareils et les mêmes garanties qu'en France. Le capitaine du navire remet, à cet effet, à l'autorité sanitaire, un certificat mentionnant l'appareil employé, les conditions de l'opération, les constatations faites, etc., certificat visé par l'autorité consulaire française ;

6° Les navires se trouvant dans les conditions indiquées au

paragraphe 2 de l'article 63, si les marchandises ont été transbordées d'un navire qui aurait été dératisé dans les conditions prescrites au paragraphe précédent et si elles sont accompagnées du certificat de dératisation prévu au dit paragraphe ;

7° Les navires qui n'auraient fait qu'embarquer du charbon pour leurs besoins et sans accoster à quai dans le port considéré comme infecté de peste.

Art. 53. — Dans les ports la dératisation est effectuée avant le déchargement du navire.

L'opération porte sur les cales, les soutes, les cambuses, les postes d'équipage, les postes d'émigrants ou des passagers de 3e et de 4e classes, le tunnel de l'hélice, la machinerie et en général sur tous les compartiments intérieurs du navire. Les cabines des officiers et des passagers de 1re et 2e classes, ainsi que les salles à manger et salons qui leur sont réservés ne sont soumis à la dératisation que dans la mesure où l'autorité sanitaire le juge utile et notamment lorsque le navire est suspect ou infecté de peste ou que l'on a constaté chez les rats du bord l'existence de cette maladie ou une mortalité insolite.

Art. 54. — Les appareils destinés à la dératisation en vertu de l'article 51 sont mis à la disposition de l'armement suivant les conditions agréées par l'autorité sanitaire.

Les ports munis d'un de ces appareils sont seuls ouverts aux provenances des pays considérés comme contaminés de peste.

Les opérations sont effectuées dans le moindre délai et sous la surveillance permanente de l'autorité sanitaire qui après avoir consulté le plan du navire fixera la proportion en poids de gaz à injecter dans les divers compartiments et la manière dont la dératisation sera poursuivie (injection gazeuse à travers les manches à vent, à travers les collecteurs d'incendie, etc.) et contrôlera si le pourcentage du gaz sulfureux a été atteint dans l'atmosphère des compartiments intérieurs.

Art. 55. — Un certificat relatant les conditions dans lesquelles a été pratiquée l'opération est délivrée au capitaine ou aux armateurs par les soins du service sanitaire.

Art. 56. — Les navires qui ne se trouvent pas dans les conditions prescrites pour être soumis à la dératisation peuvent être admis sur leur demande à subir cette opération au départ comme à l'arrivée, soit en cales pleines, soit en cales vides, et obtenir en conséquence la délivrance du certificat prévu à l'article précédent. Toutes facilités devront leur être données à cet effet.

Art. 57. — Tout navire provenant d'un pays considéré comme contaminé de peste est soumis après la dératisation et pendant toute la durée de son déchargement à la surveillance de l'autorité sanitaire, ainsi que toutes les personnes, ouvriers et autres qui ont été appelées à concourir à un titre quelconque aux opérations de dératisation et au débarquement des marchandises.

Pour assurer la réalité de cette surveillance le capitaine du navire ou le représentant de la compagnie fournira au service sanitaire une note nominative de tous les ouvriers déchargeurs portant leur adresse et signalera à l'autorité sanitaire tout individu qui aurait été reconnu comme malade pendant la durée du déchargement ou pendant les cinq jours qui auront suivi ce travail.

b) Mesures applicables aux passagers et à l'équipage.

Art. 58. — Le navire *indemne de peste* est celui qui, bien que provenant d'un pays contaminé, n'a eu ni cas, ni décès de peste, soit avant le départ, soit pendant la traversée, soit au moment de l'arrivée.

Il est soumis au régime suivant :

1° Visite médicale des passagers et de l'équipage ;

2° Désinfection du linge sale, des effets à usage et de la literie, ainsi que de tous autres objets de l'équipage et des passagers, mais seulement dans les cas exceptionnels, lorsque l'autorité sanitaire a des raisons spéciales de croire à leur contamination.

Ces mesures ne sont pas applicables aux navires ayant un médecin sanitaire maritime commissionné, lorsque celui-ci les a appliquées régulièrement en cours de route.

Si le navire a quitté la circonscription contaminée depuis moins de cinq jours, les passagers et l'équipage sont soumis à la surveillance sanitaire prévue à l'article 50 jusqu'à l'expiration d'un délai de cinq jours à dater du départ du navire.

Art. 59. — Le navire *suspect de peste* est celui qui provient d'un pays contaminé et à bord duquel il s'est produit des cas de peste au moment du départ, pendant la traversée, mais aucun cas nouveau depuis sept jours. Il est soumis au régime suivant :

1° Visite médicale des passagers et de l'équipage ;

2° Désinfection du linge sale, des effets à usage, de la literie, ainsi que de tous les autres objets de l'équipage et des passagers que l'autorité sanitaire considère comme contaminés ;

3° Désinfection des parties du navire qui ont été habitées par des pesteux ou que l'autorité sanitaire considère comme contaminées.

Ces mesures ne sont pas applicables aux navires ayant un médecin sanitaire maritime commissionné lorsque celui-ci les a appliquées régulièrement en cours de route ;

4° Les passagers et l'équipage sont soumis à la surveillance sanitaire prévue à l'article 66 jusqu'à l'expiration d'un délai de cinq jours à partir de l'arrivée du navire.

Art. 60. — Le navire *infecté de peste* est celui qui a des cas de peste à bord ou qui en a présenté un ou plusieurs cas depuis sept jours. Il est soumis au régime suivant :

1° Visite médicale des passagers et de l'équipage ;

2° Les malades sont immédiatement débarqués et isolés jusqu'à leur guérison ;

3° Les autres passagers ou personnes de l'équipage, à l'exception de celles dont la présence est nécessaire à bord, sont ensuite débarqués aussi rapidement que possible et soumis soit à une surveillance de cinq jours à dater de l'arrivée du navire, soit à une observation dont la durée varie selon l'état sanitaire du navire et selon la date du dernier cas sans pouvoir dépasser cinq jours. Si l'autorité sanitaire le juge utile, elle peut soumettre à l'observation certains passagers, alors même que les autres ne seraient soumis qu'à la surveillance. Le directeur de la santé informe télégraphiquement le ministre des motifs qui lui paraissent justifier cette différence de traitement ;

4° Désinfection du linge sale, des effets à usage, de la literie, ainsi que de tous autres objets, bagages ou marchandises que l'autorité sanitaire considère comme contaminés ;

5° Désinfection des parties du navire qui ont été habitées par les pesteux ou que l'autorité sanitaire considère comme contaminées.

c) Mesures contre les navires présentant de la mortalité des rats.

Art. 61. — Tout navire ayant présenté en cours de route ou présentant au moment de l'arrivée une *mortalité insolite* sur les rats est soumis au régime du *navire infecté* tant qu'il n'a pas été démontré par des recherches bactériologiques que cette mortalité n'est pas due à la peste.

C. — *Fièvre jaune.*

Art. 62. — Le navire *indemne de fièvre jaune* est celui qui, après un voyage de plus de quatorze jours et bien que venant d'un pays contaminé n'a eu ni cas, ni décès soit avant le départ, soit pendant la traversée, soit au moment de l'arrivée.

En France ce navire n'est soumis à aucune mesure spéciale. En Algérie et en Corse il est soumis à la visite médicale. Toutefois cette visite n'a pas lieu, s'il y a à bord un médecin sanitaire maritime commissionné.

Art. 63. — Le navire *suspect de fièvre jaune* est celui qui vient d'un pays contaminé et à bord duquel il y a eu des cas de fièvre jaune au moment du départ ou pendant la traversée, mais aucun cas nouveau depuis quatorze jours.

Ce navire est soumis en France — pendant les époques où la température est assez élevée pour permettre la survie des moustiques — à la sulfuration des locaux qui ont été occupés par les malades, ainsi que de toutes les parties du navire susceptibles d'abriter les moustiques et à la visite médicale.

Ces mesures sont prises de tout temps en Algérie et en Corse.

Elles ne sont pas applicables aux navires ayant un médecin sanitaire maritime par qui elles auraient été prises régulièrement en cours de route.

Art. 64. — Le navire *infecté de fièvre jaune* est celui qui a la fièvre jaune à bord ou qui en a présenté un ou plusieurs cas depuis quatorze jours.

Il est soumis en France au régime suivant :

1° Visite médicale et admission de la libre pratique des passagers, en bonne santé ;

2° Débarquement des malades qui dans les époques favorables à la survie des moustiques sont isolés à l'abri de moustiquaires ;

3° Pendant les mêmes saisons, sulfuration des locaux où les malades ont séjourné, ont travaillé et des parties du navire susceptibles en général de recéler des moustiques ;

4° Surveillance sanitaire de l'équipage et de toutes les personnes travaillant à bord pendant un délai de treize jours à partir de la date de l'isolement du dernier cas.

En Algérie et en Corse les mesures énumérées ci-dessus sont appliquées en toute saison ; on y ajoutera la surveillance sanitaire des passagers débarqués, pendant un délai de quatorze jours. Cette surveillance sanitaire pourra être transformée pour certains d'entre eux en observation, d'une même durée, chaque fois que le directeur de la santé en reconnaîtra la nécessité. Il informera télégraphiquement le ministre des raisons qui lui ont fait prendre cette décision.

D. — *Variole.*

Art. 65. — Les navires arrivant d'un pays infecté de variole sont soumis au régime suivant :

1° Vaccination avant le départ du pays contaminé de toutes les personnes de l'équipage et de tous les passagers voyageant en collectivité — émigrants, soldats, pèlerins, coolies — les autres passagers qui ne voudront pas se soumettre à la vaccination devront présenter un certificat de vaccination de date récente ;

2° Si la traversée a duré depuis le départ du port infecté plus de quinze jours, et qu'il n'y ait eu aucun cas à bord, la libre pratique immédiate est accordée ;

3° S'il s'est produit des cas en cours de route depuis moins de quinze jours, les passagers et l'équipage seront soumis à la surveillance sanitaire pendant un délai d'une durée de quinze jours depuis la date du dernier cas ;

4° S'il s'est produit un cas de variole à bord d'un bateau ne venant pas d'un port déclaré infecté de variole la vaccination doit être opérée en cours de route par le médecin du bord et les mesures sont applicables comme aux paragraphes 1°, 2° et 3° en prenant comme date de leur application la date du dernier cas.

Dans le cas où il n'y aurait pas de médecin à bord la vaccination sera pratiquée au moment de l'arrivée par le service sanitaire à moins qu'elle n'ait été faite dans une escale intermédiaire;

5° Les mesures de désinfection prescrites par la loi du 15 février 1902 sont applicables au navire lors de son arrivée.

Art. 66. — Les personnes soumises à la surveillance sanitaire prévue par les articles 00, 00, 00, 00, 00 et 00 sont tenues de faire connaître au service de la santé : leurs nom, prénoms et qualité, le lieu où elles se rendent et leur domicile dans ce lieu, et de fournir à l'appui de ces indications toutes références utiles. Dans le cas où elles s'y refuseraient et où ces références seraient manifestement insuffisantes, la surveillance sanitaire serait remplacée pour elles par l'observation.

Il est délivré aux personnes soumises à la surveillance un passeport sanitaire qu'elles sont tenues de présenter ou de faire présenter, dès leur arrivée à destination, à la mairie ou, pour Paris, à la préfecture de police. Elles sont également tenues d'accepter le contrôle des autorités au point de vue médical pendant toute la durée du délai fixé.

Les maires des communes intéressées (à Paris, le préfet de police), sont directement avisés de l'arrivée des passagers et des mesures de surveillance qu'ils ont à exercer à leur égard.

Les voyageurs qui doivent après leur débarquement traverser la France sans s'y arrêter, indiquent l'itinéraire qu'ils comptent suivre et la gare ou le port de frontière où ils auront à faire viser leur passeport sanitaire lors de leur passage.

Art. 67. — Les mesures prescrites par l'autorité sanitaire du port sont notifiées sans retard et par écrit au capitaine, sous réserve des modifications que les circonstances ultérieures pourraient rendre nécessaires.

Art. 68. — Tout navire soumis à l'isolement est tenu à l'écart dans un poste déterminé et surveillé par un nombre suffisant de gardes de santé.

Art. 69. — Un navire infecté, qui ne fait qu'une simple escale sans prendre pratique, ou qui ne veut pas se soumettre aux obligations imposées par l'autorité du port est libre de reprendre la mer. Dans ce cas, la patente de santé lui est rendue avec un visa mentionnant les conditions dans lesquelles il part.

Il peut être autorisé à débarquer les passagers qui en feraient la demande, à la condition que ceux-ci se soumettent aux mesures prescrites pour les navires infectés.

Quand un navire débarque seulement des passagers et leurs bagages ou la poste, sans avoir été en communication avec la terre, il n'est pas considéré comme ayant touché le port.

ART. 70. — Les navires qui ont été l'objet de mesures sanitaires dans un port d'un pays ayant conclu avec la France une convention de réciprocité ne subiront pas une seconde fois ces mesures à l'arrivée dans un port français, à la condition qu'il ne se soit produit aucun cas depuis que la désinfection a été pratiquée et qu'ils n'aient pas fait escale dans un port contaminé.

Toutefois, en ce qui concerne la dératisation, il sera nécessaire qu'elle ait été effectuée au moyen d'un appareil et avec la technique opératoire utilisée en France et que certificat de cette opération ait été délivré par le consul de France.

ART. 71. — Les passagers arrivés par un navire infecté ont la faculté de réclamer de l'autorité sanitaire du port un certificat indiquant la date de leur arrivée et les mesures auxquelles ils ont été soumis ainsi que leurs bagages.

ART. 72. — Un navire, à destination d'un port qui ne dispose pas de moyens suffisants pour l'application des mesures prévues par le règlement, peut néanmoins être autorisé par le ministre de l'intérieur à se rendre dans ce port s'il est possible d'y envoyer temporairement le personnel et le matériel nécessaires pour recevoir un navire indemne ou suspect. Toutefois le représentant de la compagnie, qui sollicite cette autorisation, devra prendre par écrit l'engagement que si au moment de l'arrivée le navire est reconnu infecté, il devra immédiatement quitter le port où son admission exceptionnelle a été autorisée pour se rendre au plus prochain port où des navires infectés peuvent être reçus avec toutes les précautions nécessaires.

ART. 73. — Un navire étranger à destination étrangère qui se présente dans un port en état de patente brute pour y être soumis à l'isolement, peut, s'il doit en résulter un danger pour ce port, ne pas être admis à débarquer ses passagers et être invité à continuer sa route pour sa plus prochaine destination, après avoir reçu tous les secours nécessaires. S'il y a des cas de maladie pestilentielle à bord, les malades sont autant que possible débarqués et isolés.

Art. 74. — Les navires chargés d'émigrants, de pèlerins, de corps de troupe, et en général tous les navires rendus dangereux, par une agglomération d'hommes dans de mauvaises conditions, peuvent, en tout temps, être l'objet de précautions spéciales que détermine l'autorité sanitaire du port d'arrivée, sauf à en référer sans délai, soit au Ministre de l'Intérieur, soit au gouverneur général de l'Algérie.

Toute infraction aux dispositions ci-dessus tombe sous le coup de l'article 14 de la loi du 3 mars 1822. Les armateurs, les agents d'une compagnie, les consignataires peuvent être rendus civilement responsables aux lieu et place du capitaine, s'il y a lieu.

Art. 75. — Outre les diverses mesures spécifiées dans les articles qui précèdent, l'autorité sanitaire d'un port a le devoir, en présence d'un danger imminent et en dehors de toute prévision, de prescrire provisoirement telles mesures qu'elle juge indispensables pour garantir la santé publique, sauf à en référer dans le plus bref délai soit au Ministre de l'Intérieur, soit au gouverneur général de l'Algérie.

Titre VII. — Mesures sanitaires pendant le séjour dans le port

Art. 76. — En dehors des mesures de surveillance et de police sanitaires maritimes ayant pour but d'empêcher l'introduction sur le territoire français des maladies pestilentielles exotiques, tout navire entrant dans un port français et séjournant est soumis aux mesures suivantes qui sont permanentes.

Lorsqu'un navire se présente dans un port de France ou d'Algérie, ayant à bord un cas de maladie fébrile, il est procédé à la visite médicale et la libre pratique n'est pas accordée avant qu'il ait été reconnu que la dite affection n'est pas une des maladies transmissibles visées par l'article 4 de la loi du 15 février 1902, ou, s'il s'agit d'une de ces maladies avant que les mesures nécessaires pour en prévenir la propagation aient été prises.

S'il y a à bord un médecin sanitaire maritime ou un docteur en médecine français, leur simple déclaration sera acceptée par la direction de la santé et ce sont eux qui prendront les mesures nécessaires ; ils en rendront compte au directeur de la santé.

Art. 77. — Si l'examen médical permet de constater la présence d'un cas certain ou suspect d'une des maladies transmissibles ci-dessus visées — hors les cas de maladies pestilentielles exotiques — l'autorité sanitaire prend à l'égard des passagers et de l'équipage les mesures commandées par les circonstances en conformité des articles 2 et 54 du dit règlement.

Elle prévient d'autre part la municipalité à qui il appartient d'assurer le transport et l'isolement du malade et elle provoque l'application, en dehors du navire, par les services municipaux ou départementaux chargés respectivement de cette mission en vertu de la loi du 15 février 1902, des diverses mesures de prophylaxie prévues par la dite loi et par les règlements sanitaires locaux.

Art. 78. — Tout navire armé ou non armé, mais simplement habité, qui se trouve dans un port de France ou d'Algérie est soumis pendant le temps de son séjour à la surveillance de l'autorité sanitaire. Cette surveillance permet de s'assurer que les règles de l'hygiène sont observées sur ce navire, de connaître les premières manifestations à bord des maladies transmissibles et d'en empêcher la propagation.

A cet effet le capitaine du navire est tenu de déclarer immédiatement à l'autorité sanitaire du port tout cas de maladie fébrile survenant à bord pendant le séjour.

Lorsqu'il y a à bord du navire un médecin sanitaire maritime ou un docteur en médecine français la déclaration et le diagnostic faits par ce dernier sont acceptés par la direction de la santé.

S'il n'y pas de médecin, dès que l'autorité sanitaire a reçu la déclaration indiquée ci-dessus, ou à défaut de déclaration, dès qu'elle a été informée de la présence à bord d'un cas de maladie fébrile, elle délègue à bord le médecin de la santé, qui est chargé d'établir le diagnostic.

Cette visite du médecin de la santé, faite en dehors du moment de l'arrivée du navire donne lieu à la perception d'une ou de deux vacations suivant que le médecin est obligé de se rendre une ou deux fois à bord pour s'éclairer sur le diagnostic réel de la maladie.

Art. 79. — Si le malade est reconnu atteint d'une des maladies visées par l'article 4 de la loi du 15 février 1902, il est immédiatement transporté à l'hôpital et les mesures de désinfection sont prises à bord sous le contrôle du service sanitaire maritime.

L'armement est tenu de prêter son concours à l'exécution des mesures d'isolement et de désinfection.

Titre VIII. — Marchandises ; importation ; désinfection ; prohibition ; transit ; animaux vivants

Art. 80. — Les marchandises arrivant par un navire indemne, suspect ou infecté, ne sont l'objet de mesures spéciales, qu'au cas où l'autorité sanitaire les considère comme dangereuses en raison de leur nature qui les rend susceptibles d'être facilement souillées.

Art. 81. — Est interdite l'entrée en France des vieux chiffons non comprimés et des vieux effets expédiés comme marchandises et provenant directement ou indirectement des pays infectés de peste ou de choléra.

Art. 82. — Sont soumis à la sulfuration, avant déchargement, les bananes et les fruits frais importés par unnavire suspect ou infecté de fièvre jaune. Cette mesure sera supprimée lorsque le directeur de la santé jugera que la saison ne permet pas la survie de moustiques dangereux.

Art. 83. — Est interdite l'entrée en France des débris frais d'animaux — onglons, sabots, cornes, etc. — provenant de pays infectés de peste, à moins que ces débris n'aient été avant le départ nettoyés et désinfectés par l'ébullition. Dans le cas où cette opération aura été pratiquée, elle devra faire l'objet d'un certificat de l'autorité consulaire française du lieu d'origine ou d'embarquement de cette marchandise.

Art. 84. — La désinfection peut être appliquée — suivant l'avis du directeur de la santé, — aux linges de corps, hardes, vêtements et objets de literie ayant servi et provenant de déménagements. Il en est de même pour les paquets laissés par les fonctionnaires coloniaux, soldats et matelots et renvoyés dans leur patrie après décès.

Art. 85. — Si des marchandises, arrivant en vrac ou dans

des emballages défectueux, ont été, pendant la traversée, contaminés par des rats reconnus pesteux et si elles ne sont pas jugées suffisamment assainies par la sulfuration, alors la destruction des germes peut être assurée par leur mise en dépôt dans les conditions d'aération les plus favorables pendant une durée maxima de deux semaines.

En dehors de ces cas, les marchandises ne peuvent être retenues par l'autorité sanitaire.

Art. 86. — Les lettres et correspondances, imprimés, livres, journaux, papiers d'affaires (non compris les colis postaux) ne sont soumis à aucune restriction ni désinfection.

Art. 87. — Lorsque des marchandises ont été désinfectées ou mises en dépôt temporaire (art. 85), le propriétaire ou son représentant a le droit de réclamer, de l'autorité sanitaire qui a ordonné la désinfection ou le dépôt, un certificat indiquant les mesures prises.

Art. 88. — Les animaux transportés par les navires, quelle que soit leur provenance ne sont soumis qu'aux restrictions de la police sanitaire vétérinaire.

Toutefois les médecins de la santé, lors de la visite médicale des navires provenant de pays infectés de peste devront se rendre compte de l'état sanitaire de tous les animaux embarqués à bord soit pour la nourriture (bœufs, porcs, poules, lapins, etc.) soit pour l'agrément de l'équipage ou des passagers (chats, chiens, singes, oiseaux, etc.). Lorsqu'un de ces animaux présente des symptômes suspects, l'abatage immédiat sera ordonné. Si l'autopsie et l'examen bactériologique démontraient l'infection pesteuse de l'animal abattu, le navire serait considéré comme infecté.

Titre IX. — Transport des cadavres

Art. 89. — S'il y a à bord d'un navire arrivant en France un cadavre transporté pour être inhumé en territoire français, ou transitant à travers le pays, le capitaine remet à l'autorité sanitaire toutes les pièces accompagnant ce cadavre et ne peut procéder au débarquement avant d'avoir obtenu l'autorisation de la direction de la santé et en présence de ses représentants.

Art. 90. — L'autorité sanitaire se rend compte que le cercueil est en bon état; dans le cas contraire elle en ordonne la réparation ou le remplacement immédiat.

Elle délivre à la famille ou ses représentants une autorisation d'admission sur le territoire français.

Art. 91. — Cette opération donne lieu à la perception d'une vacation pour le déplacement du service sanitaire maritime (médecin et capitaine).

Titre X. — Stations sanitaires et lazarets

Art. 92. — Le service sanitaire comprend des stations sanitaires et des lazarets répartis dans les ports après avis de la section permanente du Conseil supérieur d'hygiène publique de France, suivant décision soit du Ministre de l'Intérieur, soit du gouverneur de l'Algérie.

Art. 93. — Les lazarets et stations sanitaires sont établis et fonctionnent suivant un règlement intérieur établi par le Ministre de l'Intérieur ou le Gouverneur général de l'Algérie après avis de la section permanente du Conseil supérieur d'hygiène publique. Ils varient en étendue et en importance suivant les nécessités locales.

Art. 94. — Les soins médicaux y sont donnés par le médecin de la santé chargé du lazaret, qui y réside pendant tout le temps où il se trouve des malades isolés. Ces soins sont gratuits.

Toutefois chaque malade a la faculté d'appeler en consultation à ses frais un médecin de son choix et de se faire assister par des gardes-malades de l'extérieur. En cas de compromission ces derniers pourront être soumis à la surveillance sanitaire ou même isolés.

Art. 95. — Les frais de nourriture sont à la charge des personnes isolées et le décompte en est fait suivant un tarif approuvé annuellement par le préfet du département.

Pour les emigrants, les pèlerins, qui voyagent en vertu d'un contrat, les frais de nourriture au lazaret sont à la charge de l'armement ; pour les militaires et les marins, ces frais incombent à l'autorité dont ils relèvent.

Art. 96. — Les indigents voyageant isolément et non en vertu d'un contrat d'émigration ou de pèlerinage sont nourris gratuitement.

TITRE XI. — DROITS SANITAIRES

ART. 97. — Les droits sanitaires sont :

a) Droit de reconnaissance à l'arrivée, savoir :

navires naviguant au cabotage français (l'Algérie comprise) d'une mer à l'autre, par tonneau	0 fr. 05
navires naviguant au cabotage international, par tonneau.	0 10
navires naviguant au long cours, par tonneau.	0 15
navires faisant un service régulier d'un port européen dans un port de la Manche ou de l'Océan, par tonneau.	0 05
navires venant d'un port étranger dans un port français de la Méditerranée, si la durée habituelle et totale de la navigation n'excède pas douze heures, par tonneau.	0 05

Les navires appartenant à ces deux dernières catégories pourront contracter des abonnements de six mois ou d'un an. L'abonnement sera calculé à raison de 0 fr. 50 par tonneau et par an, quel que soit le nombre des voyages.

Navires à vapeur faisant escale sur les côtes de France pour prendre ou laisser des voyageurs :

S'ils viennent d'un port européen :

par voyageur embarqué ou débarqué	0 fr. 50
par tonneau de marchandises débarquées jusqu'à concurrence de 3 tonneaux	0 10

S'ils viennent d'un port situé hors d'Europe :

par voyageur embarqué ou débarqué	1 00
par tonneau de marchandises débarquées jusqu'à concurrence de 3 tonneaux.	0 15

S'il s'agit de navires affectés à des voyages d'excursion sur les côtes de France ou d'Algérie :

par passager se trouvant à bord à l'arrivée du navire .	0 fr. 10

b) Droit de station, payable par les navires soumis :

à l'isolement, par jour et par tonneau.	0 fr. 03

c) Droits de séjour dans les stations sanitaires et lazarets, par jour et par personne :

1re classe.	2 fr. 00
2e —	1 00
3e —	0 50

d) Droits de désinfection :

1° Désinfection du linge sale, des effets à usage, des objets de literie du bord et de tous autres objets ou bagages considérés comme contaminés :

par voyageur débarqué.	1re classe	1 fr. 00
	2e —	0 50
	3e —	0 25
par homme de l'équipage (état-major compris)		0 25

2° Désinfection des marchandises :

désinfection pratiquée à bord des navires, par tonneau de jauge . . . . 0 fr. 05

Marchandises débarquées pour être désinfectées :

marchandises emballées, par 100 kilos	0 fr. 50
cuirs, les 100 pièces.	1 00
petites peaux non emballées, les 100 pièces.	0 50

3° Désinfection des chiffons et des drilles :

par 100 kilos. 0 fr. 50

4° Désinfection du navire ou de la partie du navire contaminée :

pour le navire entier : par tonneau de jauge . . . . . 0 fr. 02

Si la désinfection ne porte que sur la partie du navire contaminée le droit est réduit de moitié.

Les droits de désinfection déterminés par les paragraphes 1, 2 et 4 ci-dessus peuvent être réduits de moitié pour le navire qui, ayant à bord un médecin sanitaire nommé ou agréé par le gouvernement du pays auquel appartient le navire et une étuve à désinfection dont la sécurité et l'efficacité ont été constatées, justifierait que toutes les mesures d'assainissement et de désinfection ont été régulièrement appliquées au cours de la traversée conformément aux prescriptions du titre V.

Tous les droits sanitaires sont à la charge de l'armement. Les frais résultant soit des manipulations, main-d'œuvre et transport, soit de l'emploi des désinfectants chimiques, sont également à la charge de l'armement. S'il s'agit de chiffons et de drilles la dépense est, suivant l'usage, au compte de la marchandise.

Les frais résultant de la dératisation sont à la charge de

l'armement. Aucune taxe sanitaire n'est due, en conséquence, du fait de cette opération.

Ces frais sont calculés sur la jauge brute du navire si la dératisation s'applique à son ensemble, sur la capacité cubique des locaux dératisés si l'opération n'est que partielle.

La capacité cubique est établie d'après les plans de chargement du navire sans défalcation du volume occupé par la marchandise.

Art. 98. — Les vacations perçues par le service sanitaire maritime pour les diverses opérations effectuées en dehors du service courant de police sanitaire sont établies sur les bases suivantes :

1° Reconnaissance en rade d'un navire :

capitaine de la santé . . . . 25 fr. [1]

2° Visite médicale en rade d'un navire :

médecin. . . . . 50 fr. [1]
capitaine de la santé . . . . 25 [1]

3° Visite médicale d'un navire entre le coucher et le lever du soleil :

médecin . . . . 25 fr.
capitaine de la santé. 10
chaque garde. 3

4° Visite médicale à bord d'un navire pendant le séjour dans le port :

le jour . . . . 10 fr.
la nuit. 20

3° Transport de cadavres :

jour. { médecin. . . . . 15 fr.
jour. { capitaine 5
nuit. { médecin. . . . . 25 fr.
nuit. { capitaine. 10

Art. 99. — Les frais de transport du personnel sanitaire sont à la charge du navire :

1° Pour les reconnaissances chaque fois qu'elles sont effectuées en dehors du lieu où elles se font habituellement, ou en dehors des heures de marée ;

1. Cette vacation est déjà payée au Havre.

2° Pour les reconnaissances ou visites médicales faites en rade ;

3° Pour les visites médicales faites au moment de l'arrivée du navire ;

4° Pour la surveillance ou le contrôle des opérations de dératisation ou de désinfection.

ART. 100. — Les navires naviguant au cabotage français, l'Algérie comprise, dans la même mer, sont exemptés du droit de reconnaissance.

ART. 101. — Les navires qui au cours d'une même opération, entrent successivement dans plusieurs ports situés sur la même mer, ne payent le droit de reconnaissance qu'une seule fois au port de première arrivée.

ART. 102. — Les militaires et marins, les enfants au-dessous de sept ans, les indigents embarqués aux frais du gouvernement ou d'office par les consuls sont dispensés des droits sanitaires.

ART. 103. — Les droits sanitaires applicables aux émigrants ou aux pèlerins voyageant en vertu d'un contrat sont à la charge de l'armement.

ART. 104. — Sont exemptés de tous les droits sanitaires déterminés par les articles précédents :

1° Les bâtiments de guerre et les bateaux appartenant aux divers services de l'État ;

2° Les bâtiments en relâche forcée ou volontaire, pourvu qu'ils ne donnent lieu à aucune opération sanitaire et qu'ils ne se livrent dans le port qu'à des opérations de ravitaillement ou d'approvisionnement de charbon ;

3° Les bateaux de pêche français ou étrangers, y compris les transports rapportant le poisson dans les ports français, pourvu que ces différents bateaux ne fassent pas d'opérations de commerce dans les ports de relâche ;

4° Les bâtiments allant faire des essais en mer, sans se livrer à des opérations de commerce.

ART. 105. — La perception des droits sanitaires est confiée au service des douanes qui y procède d'après les indications fournies par l'autorité sanitaire.

TITRE XII. — AUTORITÉS SANITAIRES

ART. 106. — La surveillance et la police sanitaires maritimes du littoral sont exercées par des agents relevant directement du ministre de l'Intérieur pour la France et du Gouverneur général pour l'Algérie.

Art. 107. — Le littoral est divisé en circonscriptions sanitaires.

Chaque circonscription est subdivisée en agences (agences principales et agences ordinaires).

Le nombre et l'étendue des circonscriptions et des agences sont déterminés par décision du ministre de l'Intérieur après avis de la section permanente du Conseil supérieur d'hygiène publique de France.

Pour l'Algérie les circonscriptions sont déterminées, après avis de ce même Conseil supérieur par le Gouverneur général ; la répartition des agences est faite par le Gouverneur.

Art. 108. — A la tête de chaque circonscription est placé un directeur de la santé, docteur en médecine, assisté s'il y a lieu de médecins de la santé.

Il a sous ses ordres des agents principaux, des agents ordinaires et des sous-agents échelonnés sur le littoral.

Les agents principaux remplissent les fonctions de chefs de service dans les départements où ne réside pas de directeur de la santé.

Une direction de santé comporte, en outre, un personnel d'officiers : capitaines et lieutenants de la santé, de secrétaires, de mécaniciens, de gardes et de mariniers dont les cadres sont fixés, suivant les besoins du service, par décision soit du Ministre de l'Intérieur, soit du Gouverneur général de l'Algérie.

Art. 109. — Les directeurs de la santé, les médecins de la santé et les agents principaux ou ordinaires docteurs en médecine, sont nommés en France par le Ministre de l'Intérieur, en Algérie par le Gouverneur général, sur l'avis d'une commission spéciale.

Lorsqu'il y a lieu de pourvoir à l'une des fonctions ci-dessus énumérées, cette vacance est portée à la connaissance des intéressés par un avis publié au *Journal officiel* et affiché dans les principaux ports de France et d'Algérie. Les candidats sont invités à produire dans le délai de quinze jours leur demande accompagnée de l'exposé de leurs titres et de toutes les justifications utiles. Ils font valoir notamment leurs connaissances touchant : l'épidémiologie des maladies exotiques, la bactériologie, la pratique des services sanitaires qu'ils auraient pu acquérir en ce qui concerne la désinfection, l'application des règlements en vigueur et l'aptitude administrative que comporte la direction de ces services.

La commission tiendra le plus grand compte des services rendus antérieurement par les candidats soit dans les fonctions de médecin sanitaire maritime commissionné soit dans les services sanitaires internationaux. La commission chargée d'apprécier les titres des candidats est composée des membres de la section permanente du Conseil supérieur d'hygiène publique et des inspecteurs généraux adjoints des services sanitaires.

Le chef du bureau de l'hygiène et le chef du service de l'Algérie assistent aux séances avec voix consultative.

La commission se réunit sur la convocation du Ministre ou la demande du Gouverneur général de l'Algérie.

L'Inspecteur général des services sanitaires ou, à son défaut, un des inspecteurs généraux adjoints est chargé de présenter un rapport sur les diverses candidatures.

Art. 110. — La commission prévue à l'article précédent est appelée à donner son avis sur les fautes professionnelles commises par les médecins en fonctions, sur leur mise en disponibilité ou leur remplacement.

Elle est également consultée, dans les conditions indiquées aux articles 16 et 29, sur les propositions tendant à pourvoir d'une commission des médecins sanitaires maritimes ou à la leur retirer, et rayer du tableau les médecins sanitaires maritimes à titre définitif ou temporaire.

Art. 111. — Le directeur de la santé est chargé d'assurer dans sa circonscription l'application des règlements et instructions sur la surveillance et la police sanitaires maritimes.

Il délivre ou vise les patentes de santé pour le port de sa résidence.

Art. 112. — Le directeur de la santé demande et reçoit directement les ordres soit du Ministre de l'Intérieur, soit du Gouverneur général de l'Algérie pour toutes les questions qui intéressent la santé publique.

Art. 113. — Le directeur de la santé doit se tenir constamment et exactement renseigné sur l'état sanitaire de sa circonscription et des pays étrangers avec lesquels celle-ci est en relations.

Art. 114. — En cas de circonstance menaçante et imprévue, le directeur de la santé peut prendre d'urgence telle mesure qu'il juge propre à garantir la santé publique, sous réserve d'en référer immédiatement soit au Ministre de l'Intérieur, soit au Gouverneur général de l'Algérie.

Art. 115. — Les directeurs de la santé doivent se communiquer directement toutes les informations sanitaires qui peuvent intéresser leur service.

Art. 116. — Le directeur de la santé adresse chaque mois au moins soit au Ministre de l'Intérieur, soit au Gouverneur général de l'Algérie, un rapport faisant connaître l'état sanitaire des ports de sa circonscription, et résumant les diverses informations relatives à la santé publique dans les pays étrangers en relations avec ces ports, ainsi que les mesures sanitaires auxquelles auraient été soumises les provenances des dits pays. Ce rapport est accompagné d'un état des navires ayant motivé l'application de mesures spéciales. Pour les ports de l'Algérie, copies des rapports et états sont adressés au Ministre de l'Intérieur par le Gouverneur général.

A la fin de chaque année, le directeur de la santé expose dans un rapport d'ensemble le fonctionnement du service dans la circonscription au point de vue sanitaire administratif.

Il avertit immédiatement soit le Ministre, soit le Gouverneur général de tout fait grave intéressant la santé publique de sa circonscription ou des pays étrangers en relations avec celle-ci.

Art. 117. — Les agents principaux et agents ordinaires, chacun pour la partie du littoral dont la surveillance lui est confiée, assurent, suivant les instructions et sous le contrôle des directeurs de la santé, l'application des règlements sanitaires.

A cet effet, ils reconnaissent l'état sanitaire des provenances, et leur donnent la libre pratique, s'il y a lieu. Ils font exécuter les règlements ou décisions qui déterminent les mesures d'isolement et les précautions particulières auxquelles les navires infectés ou suspects sont soumis. Ils s'opposent, par tous les moyens en leur pouvoir, aux infractions aux règlements sanitaires et constatent les contraventions par procès-verbal.

Dans les cas urgents et imprévus, ils pourvoient aux dispositions provisoires qu'exige la santé publique, sauf à en référer immédiatement et directement au directeur de la santé de leur circonscription. Ils délivrent ou visent les patentes de santé pour les ports dans lesquels ils résident.

Art. 118. — En vertu des articles 12 et 13 de la loi du 3 mars 1822, les directeurs de la santé et les agents principaux et ordinaires ont droit de requérir pour le service qui leur est confié le concours non seulement de la force publique, mais encore, dans les cas d'urgence, des officiers et employés de la marine, des employés des douanes et des contributions indirectes, des officiers et maitres de ports, des garde-forestiers et au besoin de tout citoyen.

Ces réquisitions ne peuvent d'ailleurs enlever à leurs fonctions habituelles des individus chargés d'un service public, à moins que le danger ne soit assez pressant au point de vue sanitaire pour exiger momentanément le sacrifice de tout autre intérêt.

Art. 119. — Les agents ordinaires du service sanitaire sont choisis, autant que possible, parmi les agents du service des douanes ; ils reçoivent une indemnité.

Le taux des indemnités est fixé par décision soit du Ministre de l'Intérieur, soit du Gouverneur général de l'Algérie.

Art. 120. — Les agents principaux, les capitaines, les lieutenants et les secrétaires de la santé sont nommés soit par le Ministre de l'Intérieur, soit par le Gouverneur général de l'Algérie. La nomination des agents principaux appartenant au service des douanes a lieu sur la désignation du directeur général de cette administration.

Art. 121. — Les agents, sous-agents, *mécaniciens, gardes et mariniers* du service sanitaire sont nommés par le préfet, sur la présentation du directeur de la santé ou de l'agent principal, et après entente avec le directeur des douanes, si l'agent désigné appartient à ce service.

Ces nominations ne peuvent avoir lieu que sous réserve des dispositions législatives ou réglementaires concernant les emplois affectés aux sous-officiers rengagés ou aux anciens militaires. A cet effet, aucune désignation n'est faite par les préfets sans qu'il en ait été préalablement référé soit au Ministre de l'Intérieur, soit au Gouverneur général de l'Algérie.

Art. 122. — Dans les grands ports où le service sanitaire maritime est assuré par un agent principal ou un agent ordinaire appartenant à l'administration des douanes, il est désigné un médecin pour assurer la partie médicale du service.

Ce médecin est proposé au choix du Préfet par le directeur de la circonscription qui indique autant que possible un médecin pourvu du titre de médecin sanitaire maritime.

Art. 123. — Les directeurs de la santé font partie de droit de tous les conseils départementaux de leurs circonscriptions et de toutes les commissions sanitaires d'arrondissement siégeant dans les ports du littoral de la circonscription.

Dans les ports où il y a un agent principal ou un agent ordinaire docteur en médecine, celui-ci remplace au conseil départemental ou à la commission sanitaire d'arrondissement le directeur de la santé.

Le directeur peut toutefois siéger dans ces conseils ou commissions pour prendre de concert avec elles toutes les mesures que les circonstances rendent nécessaires et notamment pour l'élaboration et l'application des règlements locaux.

Titre XIII. — Attributions des autorités sanitaires en matière de police judiciaire et d'état civil

Art. 124. — Les autorités sanitaires qui, en exécution des articles 17 et 18 de la loi du 3 mars 1822, peuvent être appelées à exercer les fonctions de police judiciaire sont les directeurs et médecins de la santé, les agents principaux et ordinaires du service sanitaire, les capitaines et lieutenants de la santé et les capitaines de lazaret.

A cet effet, ces divers agents prêtent serment, au moment de leur nomination, devant le Tribunal civil du port auquel ils sont attachés.

Art. 125. — Les mêmes autorités sanitaires exercent les fonctions d'officier de l'état civil conformément à l'article 19 de la loi du 3 mars 1822.

Art. 126. — Au cas où il se produirait une infraction pour laquelle l'autorité sanitaire n'est pas exclusivement compétente, celle-ci procède suivant les articles 53 et 54 du code d'instruction criminelle.

TITRE XIV. — RECOUVREMENT DES AMENDES

ART. 127. — En cas de contravention à la loi du 3 mars 1822 dans un port, rade ou mouillage de France ou d'Algérie, le navire est provisoirement retenu et le procès-verbal est immédiatement porté à la connaissance du capitaine du port ou de toute autre autorité en tenant lieu, qui ajourne la délivrance du billet de sortie jusqu'à ce qu'il ait été satisfait aux prescriptions mentionnées dans l'article suivant.

ART. 128. — L'agent verbalisateur arbitre provisoirement conformément à un tarif arrêté par le Ministre des Finances de concert avec le Ministre de l'Intérieur, le montant de l'amende en principal et décimes, ainsi que les frais du procès-verbal ; il en prescrit la consignation immédiate à la caisse de l'agent chargé de la perception des droits sanitaires, à moins qu'il ne soit présenté à ce comptable une caution solvable.

Celui-ci, en cas d'acquittement, remboursera à l'ayant droit la somme consignée. Si, au contraire, il y a condamnation, il versera cette somme au percepteur (en Algérie au receveur des contributions diverses) qui aura pris charge de l'extrait de jugement, ou il fera connaître à ce comptable les nom et domicile de la caution présentée.

ART. 129. — Si le contrevenant est étranger, le consignataire du navire peut être rendu civilement responsable aux lieu et place du capitaine, au cas où celui-ci ferait défaut.

ART. 130. — Le contrevenant est tenu d'élire domicile dans le département du lieu où la contravention a été constatée ; à défaut par lui d'élection de domicile, toute notification lui est valablement faite à la mairie de la commune où la contravention a été commise.

TITRE XV. — DISPOSITIONS GÉNÉRALES

ART. 131. — Des médecins sanitaires français sont établis sur les points où une surveillance sanitaire lointaine paraît nécessaire. Leur nombre et leurs émoluments sont fixés par le Ministre de l'Intérieur. Ils sont nommés dans les conditions prévues à l'article 109.

Sur la demande de la commission prévue à l'article 109, les

changements reconnus nécessaires peuvent être apportés à la résidence de ces médecins.

Ces médecins sont chargés de renseigner les agents du service consulaire français, l'administration supérieure et, en cas d'urgence, les directeurs de la santé sur l'état sanitaire du pays où ils résident.

Art. 132. — Les agents de la France au dehors doivent se tenir exactement informés de l'état sanitaire du pays où ils résident et adresser au département dont ils relèvent, pour être transmis au Ministre de l'Intérieur, les renseignements qui importent à la police sanitaire et à la santé publique de la France. S'il y a péril, ils doivent, en même temps, avertir l'autorité française la plus voisine ou la plus à portée des lieux qu'ils jugeraient menacés.

Art. 133. — Les chambres de commerce, les capitaines ou patrons de navires arrivant de l'étranger, les dépositaires de l'autorité publique, soit au dehors, soit au dedans, et généralement toutes les personnes ayant des renseignements de nature à intéresser la santé publique, sont invités à les communiquer aux autorités sanitaires.

Art. 134. — Des règlements locaux, approuvés soit par le Ministre de l'Intérieur, soit par le Gouverneur général de l'Algérie, déterminent pour chaque port, s'il y a lieu, les conditions spéciales de police sanitaire qui lui sont spécialement applicables en vue d'assurer l'exécution des règlements généraux.

Art. 135. — Les dépenses du service sanitaire sont réglées annuellement, en prévision, par des budgets spéciaux préparés par les directeurs de la santé pour chacun des départements de leur circonscription et approuvés, sur l'avis des préfets, soit par le Ministre de l'Intérieur, soit par le Gouverneur général de l'Algérie.

Aucune dépense ne peut être ni effectuée, ni engagée en dehors de ces budgets sans une autorisation expresse du Ministre ou du Gouverneur, à moins toutefois qu'il n'y ait urgence. Dans ce cas, il en est référé immédiatement au Ministre ou au Gouverneur, pour faire régulariser la dépense effectuée ou engagée.

Aussitôt après la clôture de l'exercice financier, les directeurs de la santé adressent au Ministre ou au Gouverneur, par l'intermédiaire des préfets et indépendamment des pièces exigées par les règlements sur la comptabilité, un compte détaillé des dépenses ordinaires ou extraordinaires effectuées au cours de l'exercice dans chacun des départements de leur circonscription.

ART. 136. — Un exemplaire du présent règlement et des instructions prophylactiques qui l'accompagnent doit se trouver obligatoirement à bord de tout navire de commerce français soumis aux présentes mesures.

Les infractions au présent article constatées par le personnel du service sanitaire maritime entraîneront pour le capitaine du navire l'application des pénalités prévues à l'article 14 de la loi du 3 mars 1822. Chaque fois qu'un médecin civil ou militaire, français ou étranger est appelé à convoyer à bord d'un navire une collectivité quelconque, le capitaine du navire devra, dès l'embarquement de ce médecin, lui faire prendre connaissance du dit règlement.

ART. 137. — Sont abrogés les décrets des 4 janvier 1896, 15 avril 1897, 15 juin et 23 novembre 1899, 23 septembre 1900, 9 novembre 1901, 4 mai et 8 août 1906, et généralement toutes les dispositions réglementaires antérieures qui seraient contraires au présent décret.

ART. 138. — Le Ministre de l'Intérieur et les Ministres de la Justice, des Affaires étrangères, des Finances, de la Guerre, de la Marine, des Travaux publics, des Postes et Télégraphes, du Commerce et de l'Industrie, de l'Agriculture, des Colonies, et le Gouverneur général de l'Algérie, sont chargés, chacun en ce qui le concerne, de l'exécution du présent décret qui sera publié au *Journal officiel* de la République française et inséré au *Bulletin des lois.*

A. CHANTEMESSE.

QUESTIONNAIRE DE RECONNAISSANCE DES NAVIRES

Modèle proposé par le Dr J. DUPUY

DIRECTEUR DE LA IVe CIRCONSCRIPTION SANITAIRE MARITIME

Nom du navire : *Nom du capitaine :* *Pavillon :* *Tonnage :*

1. — Quels sont les noms et qualités du répondant ? . . . .
2. — D'où venez-vous ? . . . .
3. — Combien de jours de traversée avez-vous ? . . . .
4. — Dans quels ports avez-vous touché et à quelles dates ? . . . .

. . . .

5. — Avez-vous communiqué pendant le voyage avec quelque navire ? . .
6. — Lequel et de quelle provenance ? . . . .
7. — Quel était l'état sanitaire de ce navire ?. . . . .
8. — Avez-vous une patente de santé ? . . . .
9. — Nette ou brute ?. . . . .
10. — Y a-t-il eu des malades à bord ? . . . .
11. — Combien ? . . . .
12. — De quelles maladies ? . . . .

. . . .

13. — Combien guérirent ?. . . . .
14. — Combien moururent ? . . . .
15. — Combien en reste-t-il en traitement ?. . . . .
16. — Combien de jours après le départ apparut le premier cas de maladie ?
17. — Quelle fut cette maladie ?. . . . .
18. — Quelle est la date du dernier décès survenu à bord ?. . . . .
19. — Par quelle maladie ce décès fut-il causé ?. . . . .
20. — Le navire fut-il soumis à quelque traitement sanitaire dans quelque port d'escale ?. . . . .
21. — Quel fut ce port et quel fut ce traitement ? . . . .
22. — Quel document avez-vous de la réalité de ce traitement? . . . . . .
23. — Y a-t-il eu mortalité apparente des rats à bord ? . . . .
24. — Fut-il procédé en cours de voyage à quelque opération pour la destruction des rats ?. . . . .
25. — Quelle quantité d'eau douce vous reste-t-il à bord ? . . . .
26. — D'où provient-elle ? . . . .
27. — Quelle quantité de marchandises avez-vous à débarquer ici ? . . . .
28. — Quelle est leur nature ?. . . . .
29. — D'où proviennent-elles ? . . . .
30. — Avez-vous des chiffons, des drilles ou des débris d'animaux ?. . . .
31. — Y a-t-il à bord des appareils de désinfection ?. . . . .
32. — Quels sont-ils ?.. . . . .
33. — Avez-vous des livres sanitaires ?. . . . .

Signatures :

Le capitaine, *Le médecin du bord,* *Le médecin de la santé,*

Le navire a été (1) (2) (3)	Le navire a été (1) (2) (3) *Le médecin de la santé,*
(1) admis à la libre pratique. (2) — à opérer en surveillance sanitaire. (3) désinfecter et admis à opérer.	**Fiche à remettre au capitaine pour l'autorité du port.**

Les trente-trois interrogations que comporte le questionnaire que je propose, peuvent se diviser en neuf groupes consécutifs, dont les réponses rendent complètes, je crois, l'enquête sanitaire qui doit être faite sur l'état de tout navire arrivant de voyage, quel que soit son lieu de provenance, l'état sanitaire de ce lieu et celui du navire intéressé.

I. — Identité du navire et durée du voyage, de 1 à 4 ;
II. — Communications en mer, de 5 à 7 ;
III. — Patente de santé, 8 et 9 ;
IV. — État sanitaire proprement dit du navire, de 10 à 19 ;
V. — Traitements sanitaires antérieurs dans d'autres ports, de 20 à 22;
VI. — Rats, de 23 à 24 ;
VII. — Eau, 25 et 26 ;
VIII. — Marchandises, de 27 à 30 ;
IX. — Appareils à désinfection et livres sanitaires, de 31 à 33.

Il est évident que le questionnaire pourrait être condensé ; mais ce serait peut-être chose inutile, et la multiplication des questions contribue beaucoup aux détails de l'enquête et à la claire exposition de tous les faits.

On pourrait ainsi constituer des livres de trois cents feuilles par exemple, qui resteraient dans les consignes sanitaires, et dont se muniraient les médecins appelés à arraisonner. La fiche marquée en pointillé dans le bas de la page serait détachée et remise au navire pour lui servir de certificat d'admission à la libre pratique auprès des autorités du port. Les indications succinctes que porte cette fiche seraient pour cette autorité une meilleure garantie que le système des petits cartons « marrons » actuellement employé à Marseille, ou que rien du tout comme dans beaucoup d'autres ports, celui de Saint-Nazaire, entre autres. Chaque feuille restante serait ainsi un procès-verbal d'arraisonnement. Les livres remplis seraient classés aux archives. Ils seraient précieux pour les statistiques.

C'est ainsi que cela se pratique, à peu de chose près, dans un très grand nombre de pays avec de grands avantages pour les administrations sanitaires qui ont adopté ce système, lequel n'est en somme que celui que nous employons actuellement pour les livres de patentes.

Dr J. Dupuy.

Extrait de *L'Hygiène Générale et Appliquée*,
du 15 janvier et du 15 avril 1908.

ÉVREUX, IMPRIMERIE CH. HÉRISSEY ET FILS

www.ingramcontent.com/pod-product-compliance
Ingram Content Group UK Ltd.
Pitfield, Milton Keynes, MK11 3LW, UK
UKHW012110240726
13965UKWH00004B/1675